Liebe Leserin, lieber Leser!

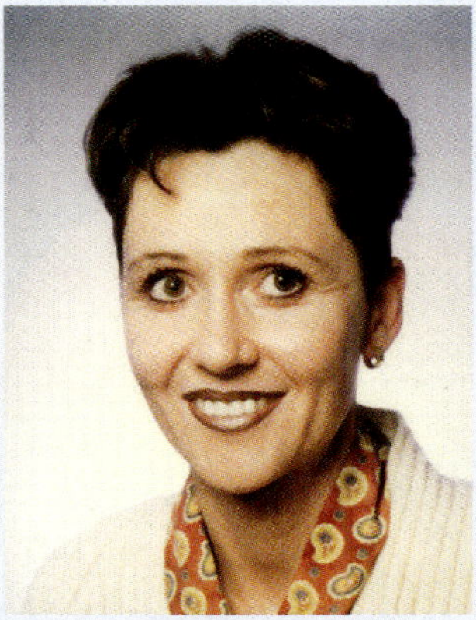

Engel helfen in allen Lebenslagen. Ob sie winzig klein als Magnet-Pin für Ordnung in der Zettelwirtschaft sorgen, als größere Standfigur mit Blumentopf den Besucher an der Tür begrüßen oder zur klassischen Weihnachtsdekoration dienen – solche Schutzengel kann jeder gebrauchen! Die Modelle sind allesamt aus Holz hergestellt und können wahlweise mit Laub-, Dekupier- oder Stichsäge gefertigt werden.
Kinder und Erwachsene haben Freude an diesen freundlichen Helfern, die übrigens nicht nur als attraktive Dekoration für Haus oder Wohnung geeignet sind, sondern auch als Geschenk, origineller Gutschein oder Überbringer eines lieben Grußes.

Viel Spaß und Erfolg bei der Umsetzung!

W0376017

Inhaltsverzeichnis

BOSCH
PST 750 PE
Ponal
express
kraft
Ultramarinblau dunkel
055
Decormatt mat mate
Purpurrosa
002
Zitron
020
Scharlachrot
031
Olivgrün
065
Serviettentechnik
aqua
Mattlack
BRILLIANT painter
Lackmalstift
DECOpainter

1

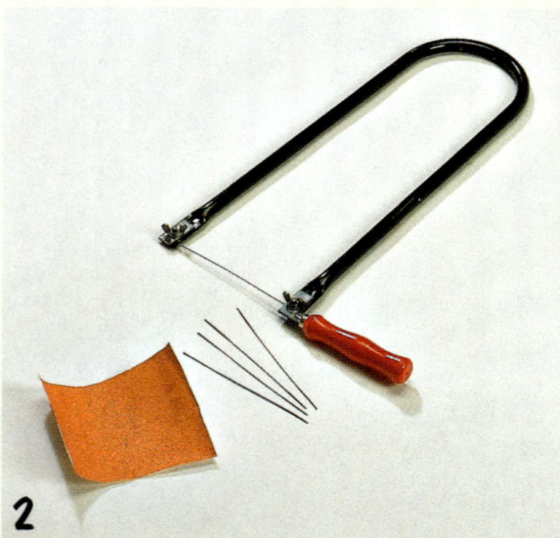

2

3

Allgemeines zu Material & Technik

1. Die in diesem Buch vorgestellten Modelle werden aus Fichtenleimholz mit einer Stärke von bis zu 1,5 cm und aus Gabun- oder Pappelsperrholz mit einer Stärke von 0,4 bzw. 0,5 cm gefertigt. Diese Hölzer sind schichtverleimt und vor allem für den Innenbereich geeignet. Sollten die Modelle vorwiegend im Außenbereich eingesetzt werden, empfiehlt es sich, wetterfest verleimtes Holz zu verwenden.

2. Grundsätzlich lässt sich Holz von einer Stärke bis zu 1 cm mit einer Laub- oder einer Dekupiersäge zuschneiden. Vor allem kleine und runde Schnitte lassen sich mit diesen Sägen hervorragend ausführen. Die ausgesägten Teile werden an den Kanten mit Schleifpapier geglättet. Schleifpapier wird auch eingesetzt, um die Kanten der Modelle, wie für den Landhausstil typisch, besonders zu betonen. Dafür die Kanten nach dem Farbauftrag so lange abschleifen, bis der natürliche Holzton stellenweise wieder zum Vorschein kommt.

3. Sämtliche Modelle werden mit Marabu-Decormatt Bastelfarbe bemalt, einer matten Kunstharzfarbe auf Wasserbasis mit sehr guter Deckkraft und kurzer Trockenzeit. Grundsätzlich ist die Farbe witterungsbeständig, im Außenbereich bietet jedoch eine Versiegelung mit Marabu-aqua-Mattlack zusätzlichen Schutz. Um Schriftzüge aufzutragen, sind der Marabu-Deco Painter und der Marabu-Brilliant Painter besonders geeignet.

Übertragen der Vorlagen

1. Transparent- oder Architektenpapier auf die gewünschte Vorlage legen und die Konturen mit einem weichen Bleistift nachfahren. Es empfiehlt sich, auch alle Innenlinien abzupausen, um eine Vorlage für das spätere Bemalen der Modelle zu erhalten. Die Innenlinien der Vorlagen dürfen nicht ausgesägt werden.

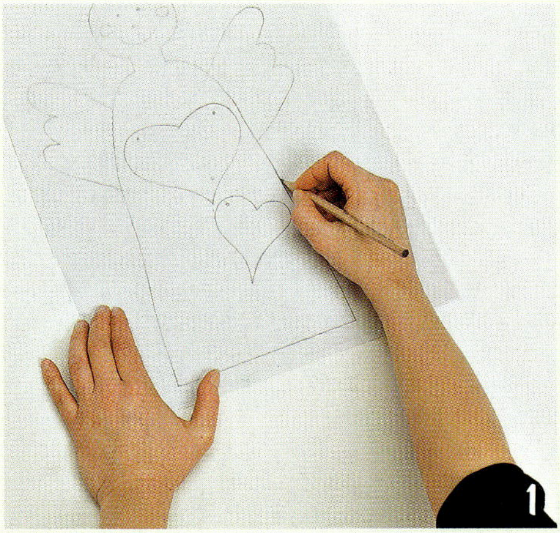

2. Nun den Vorgang des Nachzeichnens auf dem Holz wiederholen. Dafür das Grafitpapier zwischen das Transparentpapier und das Holz legen und darauf achten, dass die Vorlage nicht verrutscht. Eventuell können Transparent- und Grafitpapier mit etwas Kreppband auf dem Holz fixiert werden.

3. Wenn Modelle, z. B. als Christbaumschmuck, in größerer Anzahl gefertigt werden sollen, bietet es sich an, von der Vorlage eine Schablone herzustellen. Dafür die Vorlage, wie unter Punkt 1 beschrieben, auf ein sehr starkes Transparent- oder Architektenpapier übertragen, entlang den Außenkonturen ausschneiden und als Schablone mehrmals einsetzen. Sollte das Transparentpapier nicht stark genug sein, kann die Vorlage auch auf ein Stück Fotokarton übertragen und ausgeschnitten werden. So entsteht eine stabile Schablone, die jederzeit wiederverwendet werden kann.

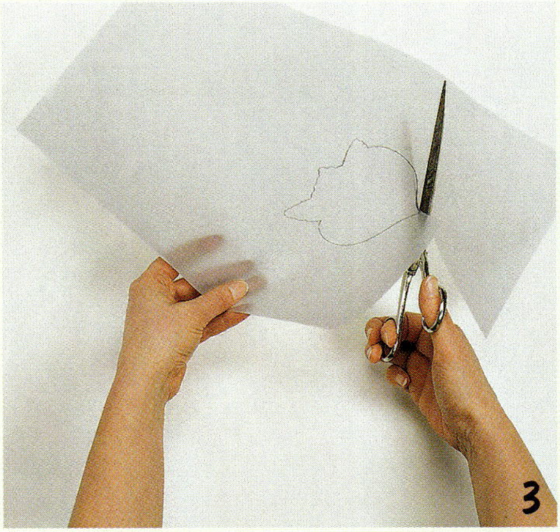

1

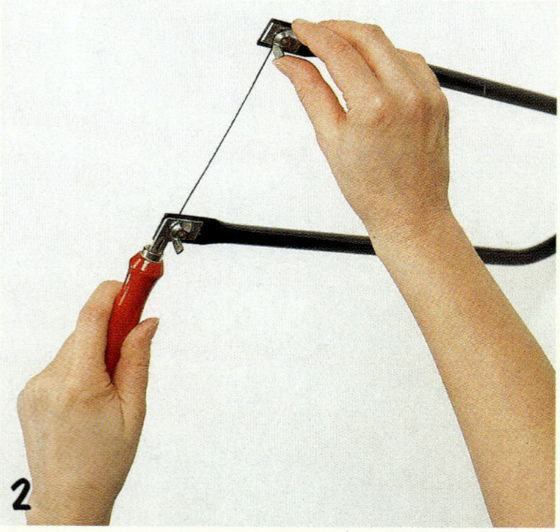

2

3

Grundkurs Sägen

1. Bei größeren Modellen kann es sehr hilfreich sein, zur Stichsäge zu greifen, denn mit einer Stichsäge geht die Arbeit wesentlich schneller als mit der Laubsäge. Um ein gutes Sägeergebnis zu erzielen, ist die Auswahl der richtigen Sägeblätter das A und O. Für dünnes Holz und kleine Formen werden feine Sägeblätter benötigt, für dickeres Holz und größere Formen entsprechend gröbere Sägeblätter. Bei der Stichsäge wird das Sägeblatt in die Hubstange eingerastet und mittels Spannhebel verriegelt.

2. Bei der Laubsäge wird das Sägeblatt mittels Flügelschrauben per Hand oder mit einem Spannschlüssel in Schnittrichtung eingespannt. Zeigen die Sägezähnchen nach unten, ergibt dies auf der Oberseite des Holzes ein glatteres Schnittergebnis als auf der Unterseite und umgekehrt.

3. Die Stichsäge wird senkrecht zur Holzoberfläche gehalten. Beim Sägen das Holz mit der freien Hand führen. Es empfiehlt sich, langsam zu sägen, damit eine glattere Kontur erzielt wird und die Sägeblätter geschont werden.

Tipp: *Die Wahl der Säge erfolgt in Abhängigkeit von der Größe des Modells. Kleine Schnitte lassen sich besser mit der Laubsäge ausführen, größere Formen sägt man am schnellsten mit der Stichsäge.*

Verbindungsarten & Drahtarbeiten

1. Für normal beanspruchte Holzteile genügt es vollkommen, wenn diese mit Holzleim verbunden werden. Dabei beide zu klebenden Flächen mit Leim einstreichen, einen Moment warten, bis der Leim leicht antrocknet, und die Klebeflächen aufeinander pressen.
Bei stärker beanspruchten Verbindungsstellen können kleine Dübel zusätzlich für Halt sorgen. Die Bohrlöcher mit einem feinen Elektrobohrer oder per Hand mit einem Nagelbohrer bohren. Sollte das Holz zu dünn für herkömmliche Dübel sein, kleine Stücke eines Zahnstochers mit etwas Leim betupfen und in die Dübellöcher stecken.

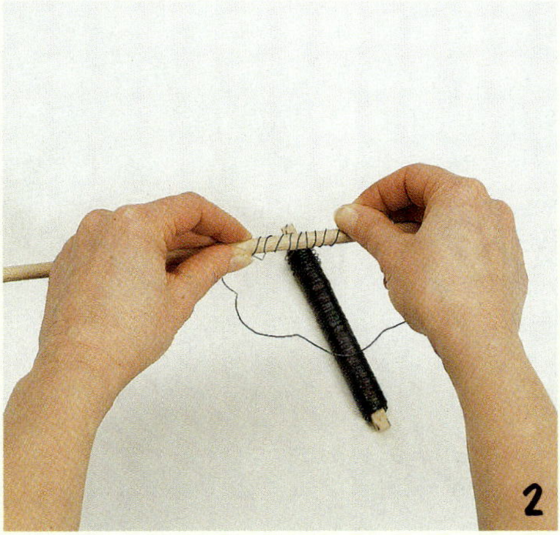

2. Um die Aufhängungen aus Draht variabel gestalten zu können, empfiehlt es sich, den gelöteten Wickeldraht spiralig über ein Rundholz zu wickeln. Die Enden einer Drahtaufhängung werden durch das dafür vorgesehene Bohrloch geführt und zweimal um den Kopf der Rundzange zu einer Rundöse gedreht.

3. Wenn, wie z. B. beim Kantenhocker „Candle-Light", Arme und Beine des Modells aus Draht gefertigt werden sollen, einfach das jeweilige Ende in das vorgesehene Bohrloch stecken und etwas Leim ins Bohrloch geben. Zusätzlich kann eine abgebrochene Zahnstocherspitze in das Bohrloch geschoben und verleimt werden.

Frohe Botschaft

1. Die Vorlagen auf das Leimholz übertragen. Korpus, Arme und Flügel aussägen und die Grundplatte in den unten angegebenen Maßen zusägen.

2. Alle Holzteile an den Kanten mit Schleifpapier glätten und an den markierten Stellen durchbohren. Die Unterkante des Korpus erhält zusätzlich zwei Dübelbohrungen. Genau gegengleich dazu zwei Löcher in die Grundplatte bohren.

3. Alle Teile gemäß Foto oder nach Belieben mit der Bastelfarbe bemalen. Das Gesicht mit Buntstiften aufmalen.

4. Wenn die Farbe getrocknet ist, die Arme mit Wickeldraht am Korpus befestigen. Dabei etwas Spiel lassen, damit genügend Platz für die Zettel bleibt. Die Drahtenden über die Rundzange rund biegen.

5. Dann ein paar Tropfen Holzleim in die Löcher an Unterkante und Grundplatte geben, die Korpuskante mit Holzleim bestreichen und den Korpus mit gekürzten Zahnstochern auf die Grundplatte stecken bzw. dübeln.

6. Die Flügel ebenfalls mit Holzleim einstreichen und auf die Rückseite des Korpus kleben. Die Haare aus einem Bündel Grasfaser zuschneiden und mit Klebstoff befestigen. Mit Hilfe des Dekobandes die Haare zu Zöpfen binden und jeden Zopf mit einer Schleife dekorieren.

Tipp: *Wenn die Vorlage vergrößert wird, kann der Engel auch eine Menükarte halten und zum dekorativen Bestandteil einer Tischdekoration werden. Es empfiehlt sich, die Bemalung farblich an das Service anzupassen.*

Material

- *Fichtenleimholz, 1 cm stark, 20 x 30 cm (Figur), 7 x 13 cm (Grundplatte)*
- *Grasfaser in Weiß*
- *Dekoband, hellblau-weiß kariert, 0,5 cm breit, ca. 16 cm*
- *Wickeldraht in Schwarz, Ø 0,65 mm, ca. 10 cm*
- *Marabu-Decormatt Bastelfarbe in Hautfarbe, Zartblau, Mittelblau, Gelbgrün, Weiß*
- *Buntstift in Blau, Rot*
- *Zahnstocher*
- *Transparent- oder Architektenpapier*
- *Bleistift*
- *Laub-, Dekupier- oder Stichsäge*
- *feiner Holzbohrer*
- *Schleifpapier*
- *Rundzange*
- *Lineal*
- *Schere*
- *Holzleim*
- *Klebstoff/Heißkleber*

Vorlage 1, Bogen B

Engelchen flieg!

1. Die Vorlagen auf das Leimholz übertragen. Korpus, Arme und Herz aussägen und alle Kanten mit Schleifpapier glätten.

2. Flügel, Arme und Herz an den markierten Stellen durchbohren. Anschließend alle Teile gemäß Foto oder nach Belieben mit der Bastelfarbe bemalen.

3. Wenn die Farbe getrocknet ist, die Kanten so lange mit Schleifpapier bearbeiten, bis der natürliche Holzton stellenweise wieder zum Vorschein kommt. Die Arme beidseitig an den Korpus leimen. Die Sisallocken mit der Schere zuschneiden und mit Klebstoff bzw. Heißkleber fixieren. Die Locken auseinander zupfen, so dass sie kreuz und quer vom Kopf abstehen.

4. Zwei Drahtstücke von 20 cm und 30 cm Länge zuschneiden und beide, wie auf Seite 7 beschrieben, spiralig über ein Rundholz wickeln. Aus dem längeren Stück eine Aufhängung biegen, wobei die Drahtenden durch das Bohrloch im Flügel gezogen und zur Fixierung über die Rundzange gebogen werden. Das kürzere Stück Wickeldraht durch die Bohrlöcher der Arme ziehen. Am vorderen Ende das Herz aufhängen. Das Drahtende über die Rundzange biegen. Das hintere Ende einfach spiralförmig aufdrehen.

5. Zum Schluss das Herz, wie auf dem Foto zu sehen, mit dem Lackstift beschriften.

Tipp: *Mit einem anderen Schriftzug (z. B. „Himmlisches Essen für Zwei") wird der Engel zum Gutschein.*

Material

- *Fichtenleimholz, 1 cm stark, 30 x 30 cm*
- *Sisallocken in Natur*
- *Wickeldraht in Schwarz, Ø 0,65 mm, 50 cm*
- *Marabu-Decormatt Bastelfarbe in Mittelgelb, Orange, Karminrot, Hautfarbe, Zartrosa, Purpurrosa, Flieder, Antikblau*
- *Marabu-Deco Painter in Weiß*
- *Transparent- oder Architektenpapier*
- *Bleistift*
- *Laub-, Dekupier- oder Stichsäge*
- *feiner Holzbohrer*
- *Schleifpapier*
- *Rundzange*
- *Schere*
- *Holzleim*
- *Klebstoff/Heißkleber*

Vorlage 2, Bogen A

I'M HAPPY

Für die Schönheit

1. Die Vorlagen auf das Leimholz übertragen. Arme, Flügel und Korpus aussägen und an den markierten Stellen durchbohren. Die Holzkanten mit Schleifpapier glätten.

2. Dann die Holzteile gemäß Foto oder nach Belieben mit der Bastelfarbe bemalen. Das Gesicht mit Buntstift aufzeichnen.

3. Das Gummiband mit den im farblichen Wechsel aufgefädelten Perlen locker um den Hals der Figur knoten. Die Haare aus einem Bündel Grasfaser zuschneiden und mit Klebstoff oder Heißkleber fixieren. Die Flügel mit Holzleim auf der Rückseite des Korpus befestigen. Mit Hilfe des Dekobandes die Haare zu Zöpfen binden und jeden Zopf mit einer Schleife dekorieren.

4. Die Arme mit zwei 7 cm langen Stücken Wickeldraht am Korpus befestigen. Die Aufhängung aus einem ca. 30 cm langen Drahtstück biegen und durch die Bohrlöcher in den Flügeln ziehen. Die Drahtenden jeweils über die Rundzange biegen.

5. Schließlich eine kleine Geschenkbox falten und mit Fun Liner Glitter beschriften. Eventuell den Schriftzug mit Bleistift vorzeichnen. Wenn der Glitter getrocknet ist, die Box mit Dekoband an einen Arm der Engelsfigur binden. In der Box wird ein Geschenkgutschein für einen Besuch im Kosmetiksalon versteckt.

Tipp: *Die Geschenkbox kann auch als Reisekoffer gestaltet werden. In die Box einen Gutschein für eine Reise legen.*

Material

- *Fichtenleimholz, 1 cm stark, 30 x 30 cm*
- *Grasfaser in Gelb*
- *Dekoband, dunkelblau-weiß kariert, 0,5 cm breit, ca. 40 cm*
- *Geschenk-Falt-Box in Beige, 5 x 5 cm*
- *Holzperlen, Ø 0,6 cm, in Pink, Rot, Lila*
- *Gummiband, ca. 10 cm*
- *Wickeldraht in Schwarz, Ø 0,65 mm, ca. 44 cm*
- *Marabu-Decormatt Bastelfarbe in Orange, Karminrot, Hautfarbe, Purpurrosa*
- *Marabu-Fun Liner Glitter in Saphir*
- *Buntstift in Blau, Rot, Orange*
- *Transparent- oder Architektenpapier*
- *Bleistift*
- *Laub-, Dekupier- oder Stichsäge*
- *feiner Holzbohrer*
- *Schleifpapier*
- *Rundzange*
- *Schere*
- *Holzleim*
- *Klebstoff/Heißkleber*

Vorlage 3, Bogen A

BEAUTY
CASE

Girlie

1. Die rechteckigen Holzteile exakt auf Maß zusägen. Die Vorlagen für die Figur auf das Leimholz übertragen und aussägen. Die Vierkanthölzer für die Beine auf eine Länge von jeweils 7,5 cm zusägen. Alle Holzkanten mit Schleifpapier glätten.

2. Korpus, Arme und Füße an den markierten Stellen durchbohren. An der Unterseite des Korpus, etwa 2 cm vom linken und rechten Rand entfernt, zwei Dübellöcher für die Beine bohren. Die Vierkanthölzer an allen vier Kopfseiten mittig anbohren.

3. Alle Holzteile gemäß Foto oder nach Belieben mit der Bastelfarbe bemalen.

4. Wenn die Farbe getrocknet ist, die Arme mit Wickeldraht am Korpus befestigen. Den Wickeldraht jeweils zuerst durch das Loch im Korpus ziehen, die Enden dann einzeln durch die Löcher im Arm führen und um die Rundzange biegen.

5. Ein paar Tropfen Holzleim in die Bohrlöcher an Unterkante des Korpus, Beinen und Füßen geben und die Teile mit gekürzten Zahnstochern zusammenstecken bzw. verdübeln.

6. Die Haare aus einem Bündel Grasfaser zuschneiden und mit Klebstoff oder Heißkleber fixieren. Die Flügel mit Holzleim auf der Korpusrückseite befestigen. Mit Hilfe des Dekobandes die Haare zu Zöpfen binden, jeden Zopf mit einer Schleife versehen und die Zöpfe etwas nach oben biegen.

7. Die rechteckigen Holzteile genau rechtwinklig aneinander leimen. Dabei so vorgehen, dass das kürzere Holzteil die Standfläche bildet. Das längere Holzteil mit der Schmalseite bündig darauf leimen. Zum Schluss die Figur in den Buchstützenwinkel leimen.

Material

- *Fichtenleimholz, 1 cm stark, 13 x 10 cm und 14 x 10 cm (Buchstütze), 20 x 20 cm (Figur)*
- *2 Vierkanthölzer, 1 x 1 cm, je 7,5 cm lang*
- *Grasfaser in Weiß*
- *Dekoband, gelb-weiß kariert, 0,5 cm breit, ca. 16 cm*
- *Wickeldraht in Schwarz, Ø 0,65 mm, ca. 10 cm*
- *Marabu-Decormatt Bastelfarbe in Zitron, Karminrot, Hautfarbe, Zartrosa, Purpurrosa, Mittelblau, Bayrischblau, Antikblau, Türkisblau dkl., Gelbgrün*
- *Transparent- oder Architektenpapier*
- *Bleistift*
- *Laub-, Dekupier- oder Stichsäge*
- *Zahnstocher*
- *feiner Holzbohrer*
- *Rundzange*
- *Lineal*
- *Schere*
- *Holzleim*
- *Klebstoff/Heißkleber*

Vorlage 4, Bogen B

Sterntaler

1. Die Vorlagen auf das Leimholz übertragen. Arme, Flügel, Korpus und Stern aussägen und an den markierten Stellen durchbohren. Die Holzkanten mit Schleifpapier glätten.

2. Alle ausgesägten Holzteile sowie die fünf kleinen Holzsterne gemäß Foto oder nach Belieben mit der Bastelfarbe bemalen. Das Gesicht zuerst mit Bleistift aufzeichnen, dann mit Buntstift über die Konturen malen.

3. Wenn die Farbe getrocknet ist, die Kanten so lange mit Schleifpapier bearbeiten, bis der natürliche Holzton stellenweise wieder zum Vorschein kommt. Den Arm auf die Vorderseite des Korpus, den Flügel auf die Rückseite leimen. Die kleinen Sterne mit Holzleim gleichmäßig verteilt auf dem Kleid applizieren.

4. Zwei Drahtstücke von 40 cm und 15 cm zuschneiden und beide, wie auf Seite 7 beschrieben, spiralig über ein Rundholz wickeln. Den langen Wickeldraht als Aufhängung durch die Bohrlöcher in Haar und Fuß ziehen, die Enden über die Rundzange biegen.

5. Aus der Buchsbaumgirlande einen kleinen Kranz mit einem Durchmesser von ca. 5 cm wickeln.

6. Mit dem kürzeren Drahtstück Kranz und Stern am Arm befestigen. Dafür die Drahtenden durch die entsprechenden Bohrlöcher führen, den Kranz dabei einfach einhängen. Die Drahtenden über die Rundzange biegen.

7. In die Drahtaufhängung nach Belieben eine kleine Schleife aus Raffiabast binden.

Material

- *Fichtenleimholz, 1 cm stark, 30 x 30 cm*
- *5 Holzsterne in Natur, Ø 2 cm*
- *Buchsbaumgirlande, ca. 20 cm*
- *Raffiabast in Natur, ca. 20 cm*
- *Wickeldraht in Schwarz, Ø 0,65 mm, ca. 55 cm*
- *Marabu-Decormatt Bastelfarbe in Hautfarbe, Weiß, Metallic-Gold*
- *Buntstift in Rot, Grün*
- *Transparent- oder Architektenpapier*
- *Bleistift*
- *Laub-, Dekupier- oder Stichsäge*
- *feiner Holzbohrer*
- *Schleifpapier*
- *Rundzange*
- *Schere*
- *Holzleim*

Vorlage 5, Bogen A

Himmlisches Präsent

1. Die Vorlagen auf das Sperrholz übertragen. Arme und Korpus aussägen und an den markierten Stellen durchbohren. Die Holzkanten mit Schleifpapier glätten.

2. Dann alle Holzteile gemäß Foto oder ganz nach Belieben mit der Bastelfarbe bemalen.

3. Die Arme mit zwei 5 cm langen Stücken Biegedraht am Korpus befestigen. Die Drahtenden über eine Rundzange zur Schlaufe biegen.

4. Für die Flügel zwei 20 cm lange Stücke Biegedraht so um ein Rundholz o. Ä. biegen, dass jeweils drei wellenartige Einbuchtungen entstehen. Die Drahtenden über Kreuz durch die Bohrlöcher im Korpus ziehen und die Enden auf der Rückseite miteinander verdrillen.

5. Durch das Bohrloch im Haar einen sehr dünnen Silberdraht als Aufhängung ziehen. Die Enden ebenfalls einfach miteinander verdrillen.

Tipp: *Der Engel kann nicht nur als Geschenkanhänger, sondern auch als Schlüsselanhänger für einen Kommodenschlüssel o. Ä. dienen. Wenn er mehrfach gefertigt wird, entsteht ein origineller Christbaumschmuck.*

Material

- *Gabun- oder Pappelsperrholz, 0,4 cm stark, 8 x 12 cm*
- *Biegedraht, versilbert, Ø 0,1 cm, 50 cm*
- *Silberdraht, sehr dünn, ca. 12 cm*
- *Marabu-Decormatt Bastelfarbe in Altrosa, Flieder, Zartblau, Türkisblau dkl., Gelbocker, Hellgrau, Weiß*
- *Transparent- oder Architektenpapier*
- *Bleistift*
- *Laub-, Dekupier- oder Stichsäge*
- *feiner Holzbohrer*
- *Schleifpapier*
- *Rundzange*
- *Kneifzange*

Vorlage 6, Bogen D

Engel-Bengel

1. Die Vorlagen auf das Leimholz übertragen. Korpus, Flügel und Herzen aussägen. Das Vierkantholz in den unten angegebenen Maßen zusägen. Die Kanten mit Schleifpapier glätten.

2. Die Herzen an den markierten Stellen durchbohren. In das Vierkantholz jeweils ca. 8 cm vom kurzen Rand entfernt zwei Dübellöcher bohren. An der unteren Seitenkante des Korpus gegengleich ebenfalls zwei Löcher bohren.

3. Alle Teile gemäß Foto oder nach Belieben mit der Bastelfarbe bemalen. Wenn die Farbe getrocknet ist, die Kanten so lange mit Schleifpapier bearbeiten, bis der natürliche Holzton stellenweise wieder zum Vorschein kommt.

4. Ein paar Tropfen Holzleim in die Bohrlöcher an Korpus und Vierkantholz geben und die Korpuskante mit Leim einstreichen. Anschließend Korpus und Grundplatte mit Hilfe von gekürzten Zahnstochern zusammenstecken bzw. dübeln. Die Flügel auf die Rückseite leimen.

5. Sieben Stränge Paketkordel von etwa 14 cm Länge zuschneiden und ungeordnet mit Heißkleber auf den Kopf aufkleben.

6. Zwei Drahtstücke von [illegible] cm und 10 cm Länge zuschneiden und beide, wie auf Seite 7 beschrieben, spiralig über ein Rundholz wickeln. Die Drahtenden des langen Wickeldrahtes durch die oberen beiden Bohrlöcher des großen Herzens ziehen und über die Rundzange biegen. Den kurzen Wickeldraht durch das Bohrloch des kleineren Herzens und das untere Bohrloch des großen Herzens führen. Die Enden ebenfalls über die Rundzange biegen. Die Herzaufhängung um den Hals des Engels legen.

7. Schließlich einen Schal aus Karoband herstellen und am Hals locker knoten. Nach Belieben eine Ilexgirlande mehrmals locker um den unteren Korpus schlingen.

Material

- *Fichtenleimholz, 1 cm stark, 40 x 40 cm (Figur)*
- *Vierkantholz, 1,5 cm stark, 4 x 25 cm (Grundplatte)*
- *Wickeldraht in Schwarz, Ø 0,65 mm, ca. 50 cm*
- *Paketkordel, ca. 98 cm*
- *Dekoband, rot-weiß kariert, 3 cm breit, ca. 35 cm*
- *Ilexgirlande, 100 cm*
- *Marabu-Decormatt Bastelfarbe in Karminrot, Hautfarbe, Altrosa, Antikblau, Weiß*
- *2 Zahnstocher*
- *Transparent- oder Architektenpapier*
- *Bleistift*
- *Laub-, Dekupier- oder Stichsäge*
- *feiner Holzbohrer*
- *Rundzange*
- *Schleifpapier*
- *Lineal*
- *Schere*
- *Holzleim*
- *Klebstoff/Heißkleber*

Vorlage 7, Bogen C

Angel in my Heart

1. Die Vorlage auf das Sperrholz übertragen und mit der Laubsäge aussägen. Die Kanten mit Schleifpapier glätten und das Herz an den beiden markierten Stellen durchbohren.

2. Kopf, Flügel und Herz nach Belieben oder gemäß Foto mit der Bastelfarbe bemalen. Das Gesicht mit Buntstift aufzeichnen.

3. Aus ca. 3–4 cm langen Stücken Paketkordel kleine Schnecken drehen. Diese einzeln mit etwas Klebstoff fixieren.

4. Den Wickeldraht, wie auf Seite 7 beschrieben, spiralig über ein Rundholz wickeln und anschließend durch die Lochbohrungen ziehen. Um die Aufhängung zu fixieren, die Enden einfach auf der Vorderseite des Modells spiralig aufdrehen.

5. Zum Schluss eine Schleife aus Dekoband an eines der Drahtenden binden.

Tipp: *Die Vorlage für den Engel im Copyshop oder am Computer vergrößern und das Herz mit dem Deco Painter – je nach Verwendung – beschriften, z. B. mit „Welcome", „Schutzengel" oder „I love You".*

Material

- *Gabun- oder Pappelsperrholz, 0,4 cm stark, 12 x 12 cm*
- *Wickeldraht in Schwarz, Ø 0,65 mm, ca. 25 cm*
- *Dekoband, orange-weiß kariert, 0,5 cm breit, ca. 30 cm*
- *dünne Paketkordel*
- *Marabu-Decormatt Bastelfarbe in Karminrot, Hautfarbe, Metallic-Gold*
- *Buntstift in Blau, Rot, Orange*
- *Transparent- oder Architektenpapier*
- *Bleistift*
- *Laubsäge*
- *feiner Holzbohrer*
- *Schleifpapier*
- *Rundzange*
- *Klebstoff*

Vorlage 8, Bogen D

Weihnachtlicher Gruß

1. Die Vorlagen auf das Leimholz übertragen und aussägen. Die Kanten mit Schleifpapier rundschleifen und an den markierten Stellen die Löcher bohren.

2. Die Flächen für Haare und Mittelteil des Banners mit Krakelee-Medium grundieren und trocknen lassen. Dann alle Flächen mit der Bastelfarbe gemäß Foto oder nach Belieben bemalen. Die mit Krakelee-Medium grundierten Flächen zügig übermalen, um einen optimalen Reißeffekt zu erreichen. Je dicker der Farbauftrag, desto stärker wird die Rissbildung.

3. Wenn die Farbe getrocknet ist, die Kanten so lange mit Schleifpapier bearbeiten, bis der natürliche Holzton stellenweise wieder zum Vorschein kommt.

4. Die einzelnen Holzteile gemäß Vorlage zusammenleimen. Das Banner mit dem Deco Painter beschriften und eine kleine Schleife aus Dekoband seitlich auf das Haar kleben. Aus der Ilexgirlande einen kleinen Kranz mit einem Durchmesser von ca. 6 cm drehen.

5. Den Wickeldraht, wie auf Seite 7 beschrieben, spiralig über ein Rundholz wickeln und anschließend durch die Lochbohrungen ziehen. Das eine Ende auf der Holzrückseite über die Rundzange biegen, in das andere Ende auf der Holzvorderseite den Kranz einbinden.

Material

- *Fichtenleimholz, 1 cm stark, 40 x 30 cm*
- *Wickeldraht in Schwarz, Ø 0,65 mm, 80 cm*
- *Dekoband, rot-weiß kariert, 0,5 cm breit, 8 cm*
- *Ilexgirlande, 20 cm*
- *Marabu-Decormatt Bastelfarbe in Karminrot, Hautfarbe, Altrosa, Antikblau, Antikgrün, Weiß*
- *Marabu-Krakelee-Medium*
- *Marabu-Deco Painter in Weiß*
- *Transparent- oder Architektenpapier*
- *Bleistift*
- *Laub-, Dekupier- oder Stichsäge*
- *feiner Holzbohrer*
- *Rundzange*
- *Schleifpapier*
- *Schere*
- *Holzleim*
- *Klebstoff*

Vorlage 9, Bogen C

MERRY
CHRISTMAS

Candle-Light

1. Die Vorlagen auf das Leimholz übertragen und aussägen. Die Grundplatte in den unten angegebenen Maßen exakt rechtwinklig zusägen.

2. An den Außenkanten der Figur in Schulterhöhe für die Drahtarme Löcher bohren. An einer der kurzen Außenkanten der Grundplatte zwei Löcher für die Drahtbeine bohren. In die Hände mittig in die gerade Außenkante, in die Füße an den markierten Stellen je ein Loch bohren. Bei den Füßen darauf achten, dass die Löcher nicht tiefer als bis zur Hälfte der Holzstärke gebohrt werden.

3. Alle Kanten mit Schleifpapier glätten und mit der Bastelfarbe gemäß Foto oder nach Belieben bemalen. Wenn die Farbe getrocknet ist, die Kanten so lange mit Schleifpapier bearbeiten, bis der natürliche Holzton stellenweise wieder zum Vorschein kommt.

4. Korpus und Grundplatte rechtwinklig aneinander leimen. Dabei die Schmalseite der Grundplatte, die keine Bohrlöcher aufweist, an den Korpus setzen. Die Flügel rückseitig an den Korpus leimen. In jedes Bohrloch etwas Holzleim tupfen und die jeweiligen Drahtenden einstecken (siehe auch Seite 7, Abb. 3). Für zusätzlichen Halt ggf. eine kleine Zahnstocherspitze zusammen mit dem Draht im Bohrloch fixieren. Arme und Beine in Form biegen.

5. Ein Bündel Grasfaser zuschneiden und mit einer einzelnen Faser mittig zusammenbinden. Das Bündel als Haare mit Klebstoff oder Heißkleber auf dem Kopf fixieren. Teelicht und Glas auf die Grundplatte stellen. Nach Belieben ein Stück Dekogirlande als Kranz um das Windlicht legen.

Achtung: *Offene Flammen niemals unbeaufsichtigt brennen lassen!*

Material

- *Fichtenleimholz, 1 cm stark, 20 x 40 cm (Figur), 8 x 9 cm (Grundplatte)*
- *Grasfaser in Weiß*
- *Blumendraht in Schwarz, Ø 0,15 cm, 34 cm*
- *Teelichtglas mit Teelicht*
- *Dekogirlande, ca. 80 cm*
- *Marabu-Decormatt Bastelfarbe in Karminrot, Hautfarbe, Altrosa, Antikblau*
- *Zahnstocher*
- *Transparent- oder Architektenpapier*
- *Bleistift*
- *Laub-, Dekupier- oder Stichsäge*
- *feiner Holzbohrer*
- *Kneifzange*
- *Schleifpapier*
- *Lineal*
- *Schere*
- *Holzleim*
- *Klebstoff/Heißkleber*

Vorlage 10, Bogen B

Türhüter mit Blütenschmuck

1. Die Vorlagen auf das Leimholz übertragen und aussägen. Die Grundplatte und das Welcome-Schild in den unten angegebenen Maßen zusägen. Sämtliche Kanten mit Schleifpapier glätten.

2. In die Grundplatte in der rechten vorderen Ecke ca. 4 cm von den Rändern entfernt ein Loch bohren. In die Füße an den markierten Stellen je ein und in die untere Außenkante des Korpus zwei Dübellöcher mit einem Abstand von ca. 8 cm bohren. Außerdem ein weiteres Loch mittig in eine der langen Außenkanten des Schildes bohren.

3. Alle Holzteile gemäß Foto oder nach Belieben mit der Bastelfarbe bemalen. Die Arme von vorne, die Flügel von hinten an den Korpus leimen. Ein paar Tropfen Holzleim in die Dübellöcher geben. Anschließend Korpus und Füße mit Hilfe von gekürzten Zahnstochern zusammenstecken bzw. dübeln. Die Figur parallel zur hinteren Längsseite auf die Grundplatte leimen.

4. Das Schild mit dem Deco Painter beschriften. Den Blumendraht, wie auf Seite 7 beschrieben, in der Mitte spiralig über ein Rundholz wickeln. Das eine Drahtende in das Bohrloch in der Außenkante des Schildes, das andere Ende in das Loch in der Grundplatte stecken. Zusätzlich mit etwas Holzleim oder Heißkleber fixieren.

5. Vor der Figur einen Blumentopf mit zur jeweiligen Jahreszeit passenden Blumen platzieren.

Material

- *Fichtenleimholz, 1 cm stark, 40 x 40 cm (Figur), 11 x 5,5 cm (Schild)*
- *Holzbrett, 1,5 cm stark, 15 x 28 cm (Grundplatte)*
- *Blumendraht in Schwarz, Ø 0,15 cm, 30 cm*
- *Zinktopf, Ø 13 cm, 11 cm hoch*
- *Marabu-Decormatt Bastelfarbe in Karminrot, Rotwein, Hautfarbe, Altrosa, Antikblau, Olivgrün, Weiß, Metallic-Silber*
- *Marabu-Deco Painter in Weiß*
- *Zahnstocher*
- *Transparent- oder Architektenpapier*
- *Bleistift*
- *Laub-, Dekupier- oder Stichsäge*
- *feiner Holzbohrer*
- *Schleifpapier*
- *Kneifzange*
- *Lineal*
- *Holzleim*
- *Heißkleber*

Vorlage 11, Bogen D

WELCOME

Kleine Ordnungshüter

1. Die Vorlage für die Figur auf das Leimholz, die Vorlage für die Flügel auf das Sperrholz übertragen und mit der Laubsäge aussägen. Alle Kanten mit Schleifpapier glätten. In die Außenkanten des Korpus Löcher für Arme und Beine bohren.

2. Korpus und Flügel gemäß Foto oder nach Belieben mit der Bastelfarbe bemalen. Der Magnet wird auf der Rückseite mittig direkt unter den Kopf geleimt, die Flügel wiederum direkt darunter.

3. Von der Paketkordel vier 4–5 cm lange Stücke abschneiden. In ein Kordelende jeweils eine Holzperle für die Hände bzw. einen Holzkegel für die Füße knoten. Die Knoten verschwinden im Durchzug. Das andere Kordelende in die Bohrlöcher leimen.

4. Für die Haare ca. fünf 5 cm lange Paketkordelstücke mit Klebstoff oder Heißkleber auf die Oberseite des Kopfes kleben.

Tipp: *Die kleinen Ordnungshüter werden im Handumdrehen zu hübschen Schlüsselanhängern. Dafür in die Oberkante des Kopfes eine kleine Ringschraube eindrehen, in welche die Schlüsselkette eingehängt werden kann. Der Magnet wird dann selbstverständlich nicht benötigt.*

Material

- *Fichtenleimholz, 1 cm stark, 6 x 6 cm (Figur)*
- *Gabun- oder Pappelsperrholz, 0,4 cm stark, 4 x 8 cm (Flügel)*
- *2 Holzperlen mit Durchzug in Natur, Ø 0,8 cm*
- *2 Holzkegel mit Durchzug in Natur, 1 x 0,7 cm*
- *Magnet, Ø 1,3 cm*
- *dünne Paketkordel*
- *Marabu-Decormatt Bastelfarbe in Mittelgelb, Karminrot, Hautfarbe, Ultramarinblau*
- *Transparent- oder Architektenpapier*
- *Bleistift*
- *Laubsäge*
- *feiner Holzbohrer*
- *Schleifpapier*
- *Schere*
- *Holzleim, Klebstoff/Heißkleber*

Vorlage 12, Bogen D

AUTO
WOHNU

Impressum

Entwürfe und Realisation: Sabine Uhl-Fischer
Lektorat: 360°/Eva Hauck, Berlin
Fotos: Sabine Münch
Styling: 360°/Eva Hauck, Berlin
Umschlaggestaltung: Stefan Hagen
Entwurf und Illustration „Klipp-Klapper":
Stefan Hagen
Repro: Bild & Text J. Baun, Fellbach
Druck und Verarbeitung: J. P. Himmer, Augsburg

ISBN 3-89858-389-9

© 2004 im OZ Verlag GmbH, Rheinfelden

Die Texte und Bilder in diesem Buch sind urheberrechtlich geschützt. Eine gewerbliche Verwendung ohne Zustimmung des Verlages ist strafbar. Das gilt auch für eine Vervielfältigung bzw. Verbreitung über elektronische Medien.

Autorin und Verlag haben alle Angaben und Anleitungen mit größtmöglicher Sorgfalt zusammengestellt. Dennoch kann bei Fehlern keinerlei Haftung für direkte oder indirekte Folgen übernommen werden.

Herstellerverzeichnis:

Farben und Lacke:
Marabuwerke GmbH & Co.
Asperger Str. 4
71732 Tamm

Hobby- und Bastelbedarf:
Rayher Hobby, KnorrPrandell GmbH,
Opitec Hobbyfix

Falt-Box:
Heyda-Werk

Stichsäge:
Robert Bosch GmbH

Allen genannten Firmen vielen Dank für die freundliche Unterstützung.

Creativ-Hotline
Wir sind für Sie da!
Montag bis Freitag von 10.00 bis 16.00 Uhr unter der Rufnummer: 07623/96 44 17

Farbauswahl **Marabu-Decormatt**

222 Vanille	020 Zitron	221 Mango	021 Mittelgelb	224 Pfirsich	013 Orange	038 Zinnoberrot hell	031 Scharlachrot
032 Karminrot	043 Rotwein	029 Hautfarbe	231 Wildrose	237 Zartrosa	238 Altrosa	002 Purpurrosa	050 Violett rötl.
051 Violett dkl.	089 Krokus	235 Flieder	291 Arktis	292 Zartblau	095 Azurblau	052 Mittelblau	055 Ultramarinblau dkl.
053 Dunkelblau	260 Taubenblau, hell	059 Bayrischblau	259 Antikblau	099 Türkisblau dkl.	262 Zarttürkis	097 Blaugrün	066 Gelbgrün
276 Schilf	065 Olivgrün	075 Tannengrün	277 Mistel	266 Antikgrün	247 Beige	245 Milchkaffee	028 Gelbocker
040 Mittelbraun	045 Dunkelbraun	278 Hellgrau	271 Elfenbein	070 Weiß	073 Schwarz		
733 Metallic-Rosa	750 Metallic-Violett	752 Metallic-Blau	767 Metallic-Grün	772 Metallic-Anthrazit	782 Metallic-Silber	784 Metallic-Gold	787 Metallic-Kupfer